KB268877

추천 · 감수 **김완기**
한국아동문학회 중앙위원장, 한국아동문학연구회 수석부회장, 국제펜 · 한국문인협회 ·
한국저작권협회 회원. 서울서래초등학교 교장 역임. 서울신문 신춘문예에 동시가 당선되었고,
한국아동문학작가상, 한정동아동문학상, 대한민국동요대상 등을 수상했습니다.
동화집 〈내 배꼽이 더 크단 말이야!〉, 동시집 〈엄마, 이게 행복인가 봐!〉,
이야기책 〈마음을 따뜻하게 해 주는 101가지 작은 이야기〉 등 다수의 어린이 책을 썼습니다.

추천 · 감수 **이창수**
한국문인협회 아동문학분과 회장, 한국아동문학회 부회장, 국제펜 회원이며,
어린이 전문 출판사의 편집장을 역임했습니다. 한국아동문예작품상, 한국아동문예상,
한국아동문학작가상, 김영일아동문학상 등을 수상했습니다. 〈정수가 위험해〉, 〈우주 여행〉,
〈공포의 진주 동굴〉, 〈따뜻한 남쪽 나라〉 등 다수의 어린이 책을 썼습니다.

추천 · 감수 **김병규**
한국일보 신춘문예 동화 부문과 중앙일보 신춘문예 희곡 부문에 각각 당선된 뒤 활발한
창작 활동을 하고 있습니다. 〈희망을 파는 자동판매기〉, 〈나무는 왜 겨울에 옷을 벗는가〉,
〈요리사의 입맛〉, 〈그림 속의 파란 단추〉, 〈아침에 부르는 자장가〉 등의 작품을 발표하였으며,
대한민국문학상, 소천아동문학상, 해강아동문학상 등을 수상하였습니다.
현재 소년한국일보 편집국장으로 일하고 있습니다.

글 **하종오**
1975년 〈현대문학〉을 통해 등단했으며, 1980년에는 '反詩' 동인으로 활동했습니다.
시집으로 〈벼는 벼꺼리 피는 피꺼리〉, 〈꽃들은 우리를 봐서 핀다〉, 〈반대쪽 천국〉 등이 있으며,
동화책으로 〈미래에 오는 미륵불〉, 〈누가 아기 석가모니로 태어났을까?〉 등이 있습니다.

그림 **김충권**
홍익대학교 응용미술과를 졸업하고, 제일기획 제작팀에 근무했습니다. 중앙광고대상
일러스트레이션상을 수상했고, 김충권 일러스트레이션 스튜디오를 운영했습니다.
캐나다 Sheridan College Classical Animation 과정 수료, 캐나다 Ontario College of Art &
Design(illustration), Milan Design 근무(illustrator). 현재 프리랜서로 활동 중입니다.

〈헤밍웨이 테마 위인〉은 탁월한 작품성을 인정받아, 어
린이 문화 발전을 위해 아동 문학가, 동요 작곡가, 일
선 학교 선생님 등 700여 분이 모인 단체인 사단 법인
어린이문화진흥회의 좋은 책 선정 위원회가 뽑은
최우수 도서상을 수상하였습니다.

한국헤밍웨이의 도서를 구입하신 곳에서 **한국헤밍웨
이 무료교육센터**의 회원증을 발급해 드립니다. 회원
증을 갖고 교육센터에 오시면 등록 후 무료 교육을 받
으실 수 있습니다. 센터는 현재 분당연구개발원 1층
에 있으며, 앞으로 전국 주요 도시에 더 많은 무료교
육센터가 세워질 예정입니다. 자세한 내용은 한국헤
밍웨이 홈페이지를 참고해 주십시오.

헤밍웨이 테마 위인 79

카네기

펴 낸 이　전병용
펴 낸 곳　(주)한국헤밍웨이
주　　소　서울특별시 송파구 석촌동 7-3번지
대표전화　(02)470-7722 · 475-2772
팩　　스　(02)470-8338 · 475-2552
연구개발원 · 회원무료교육센터
주　　소　경기도 성남시 분당구 금곡동 444-148
대표전화　(031)715-7722 · 715-8228
팩　　스　(031)786-1100 · 786-1001
고객문의　080-715-7722
출판등록　제17-354호
기　　획　김현정, 이은선, 정강호
편　　집　박종휘, 조애경, 임미옥, 이영혜, 황혜전, 왕혜선, 조선학
디 자 인　전경숙, 한유영, 조수진, 김지혜, 안성하, 이정하, 김진아, 정년화

이 책의 저작권은 (주)한국헤밍웨이가 소유하고 있으므로
본사의 동의나 허락 없이는 내용이나 그림을 어떠한 방법으로도 사용할 수 없습니다.

ⓒKorea Hemingway
전90권 전질 정가 900,000원
www.hemingway-book.co.kr

⚠ **주의**　· 다칠 우려가 있습니다. 본 교재를 던지거나 떨어뜨리지 않도록 주의하십시오.
　　　　　· 고온 다습한 장소나 직사광선이 닿는 장소에는 보관을 피해 주십시오.

강철왕

카네기

글 | 하종오   그림 | 김충권

한국헤밍웨이

스코틀랜드*에서 카네기의 아버지는
테이블 보를 짜서 파는 사업을 했어요.
그런데 테이블 보가 잘 팔리지 않아 가난해졌지요.
그 무렵 카네기의 삼촌이 미국으로 이민을 가자고 했어요.
하지만 카네기의 아버지는 거절했어요.
카네기는 궁금했어요.
'미국은 어떤 나라일까? 왜 미국으로 가려 하는 것일까?'
그 밖에도 궁금한 것이 너무 많이 생겨서
카네기는 곧잘 어머니에게 물어보았어요.
그럴 때마다 어머니는 늘 자상히 대답해 주었어요.

*스코틀랜드 : 영국의 한 지방이에요.

학교에 들어간 카네기는 툭하면 지각하기 일쑤였어요.
"카네기, 넌 왜 자꾸 학교에 늦게 오니?"
선생님이 물으면 이렇게 대답했어요.
"게을러서 지각하는 게 아니에요.
어머니를 도우려고 우물에 가서
물을 길어다 드리고 학교에 오기 때문이에요."
카네기는 책 읽는 것을 무척 좋아했어요.
선생님이 주신 책뿐 아니라 아버지의 책도 열심히 읽었지요.
아버지의 책은 시집과 스코틀랜드의 영웅에 관한 책이었어요.
특히 카네기는 영웅에 관한 책을 즐겨 읽었어요.

24
3
× 7
1 — Б

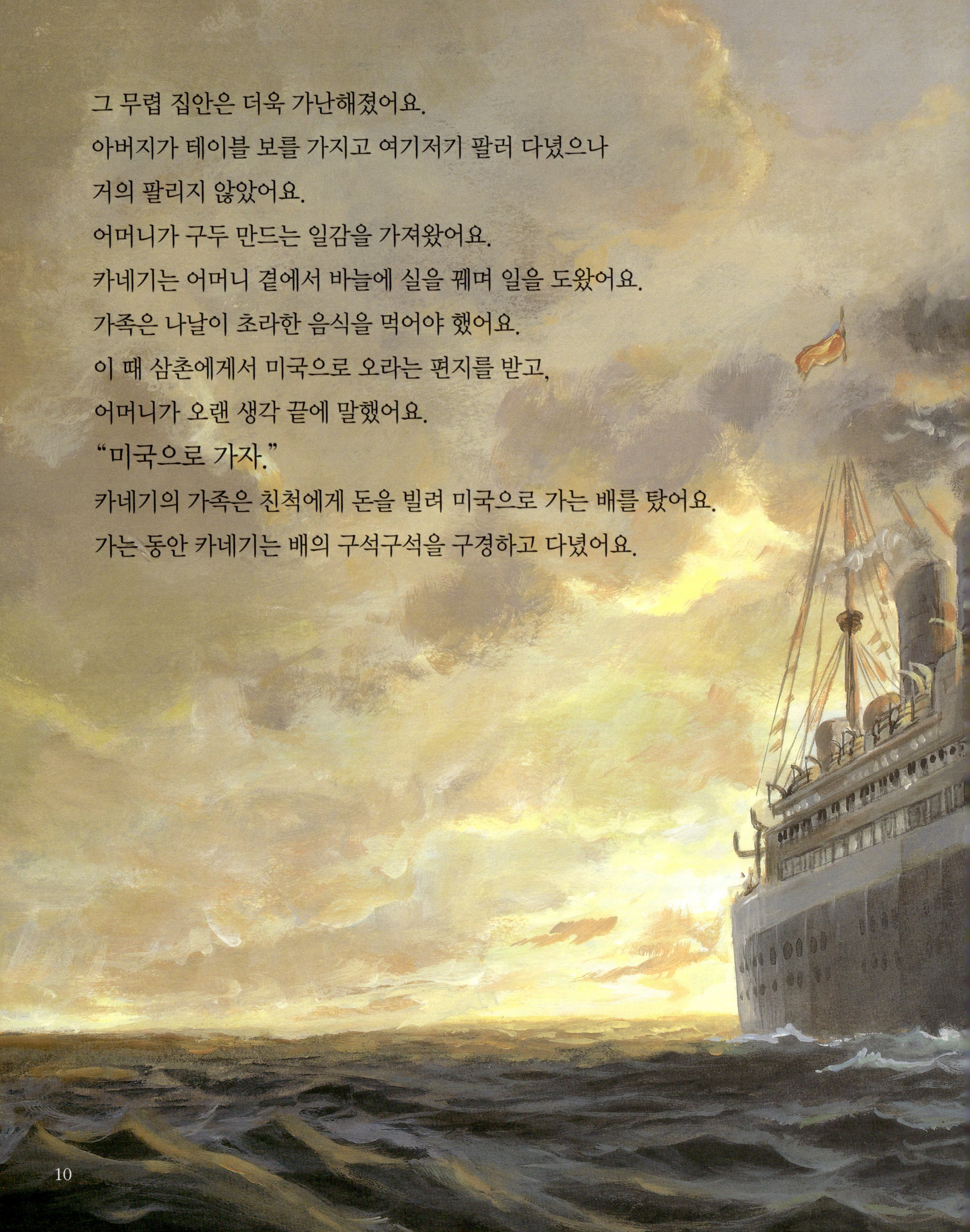

그 무렵 집안은 더욱 가난해졌어요.
아버지가 테이블 보를 가지고 여기저기 팔러 다녔으나
거의 팔리지 않았어요.
어머니가 구두 만드는 일감을 가져왔어요.
카네기는 어머니 곁에서 바늘에 실을 꿰며 일을 도왔어요.
가족은 나날이 초라한 음식을 먹어야 했어요.
이 때 삼촌에게서 미국으로 오라는 편지를 받고,
어머니가 오랜 생각 끝에 말했어요.
"미국으로 가자."
카네기의 가족은 친척에게 돈을 빌려 미국으로 가는 배를 탔어요.
가는 동안 카네기는 배의 구석구석을 구경하고 다녔어요.

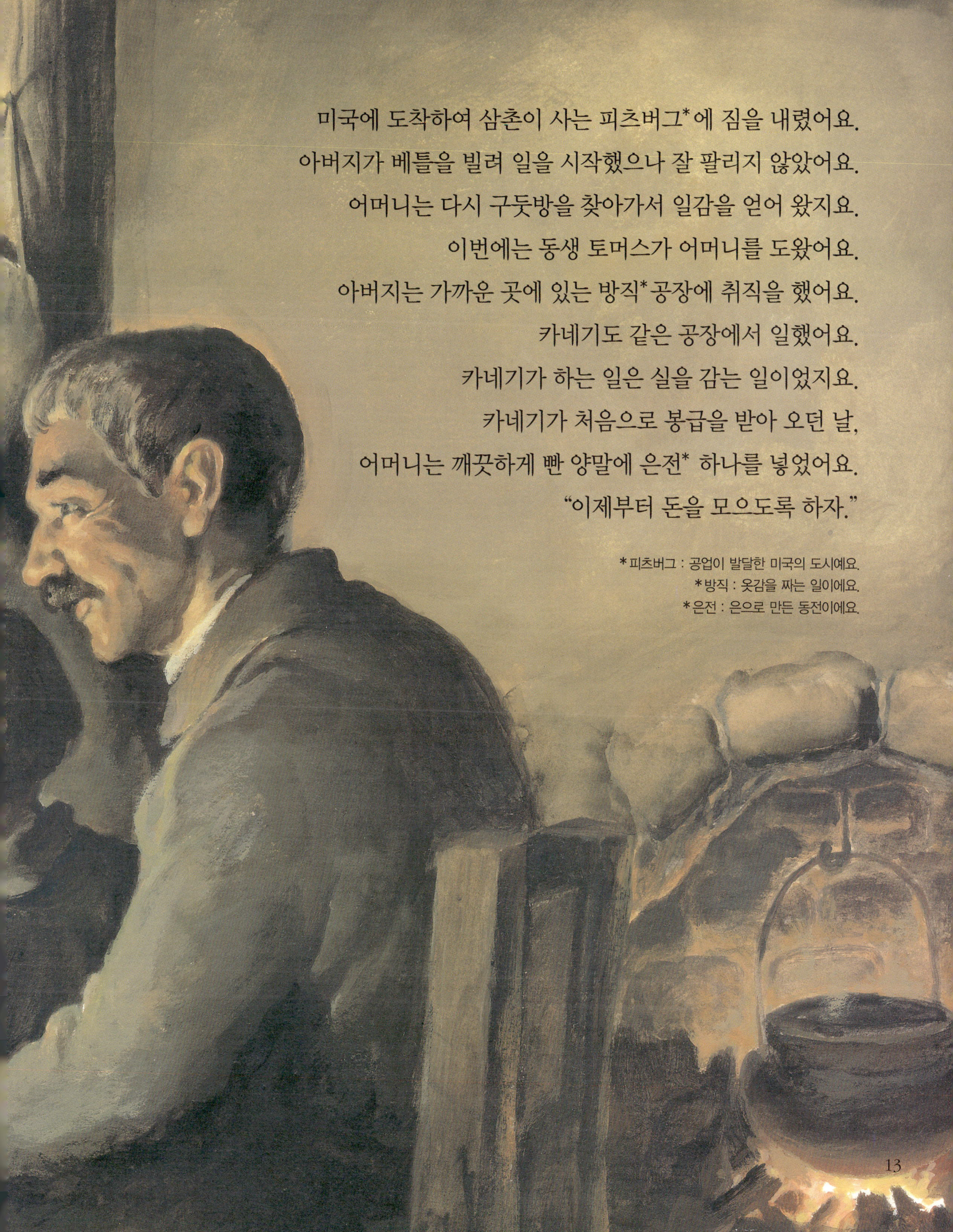

미국에 도착하여 삼촌이 사는 피츠버그*에 짐을 내렸어요.
아버지가 베틀을 빌려 일을 시작했으나 잘 팔리지 않았어요.
어머니는 다시 구둣방을 찾아가서 일감을 얻어 왔지요.
이번에는 동생 토머스가 어머니를 도왔어요.
아버지는 가까운 곳에 있는 방직*공장에 취직을 했어요.
카네기도 같은 공장에서 일했어요.
카네기가 하는 일은 실을 감는 일이었지요.
카네기가 처음으로 봉급을 받아 오던 날,
어머니는 깨끗하게 빤 양말에 은전* 하나를 넣었어요.
"이제부터 돈을 모으도록 하자."

*피츠버그 : 공업이 발달한 미국의 도시예요.
*방직 : 옷감을 짜는 일이에요.
*은전 : 은으로 만든 동전이에요.

얼마 후 카네기는 봉급을 더 주는 실패* 만드는 공장으로 옮겼어요.
이 곳에서는 실패를 만드는 엔진에 불을 때는 일을 했어요.
어느 날, 사장이 일하고 있는 카네기에게 물었어요.
"카네기, 자네 글도 쓰고 계산도 할 줄 아나?"
"네, 잘 할 수 있습니다."
이렇게 하여 카네기는 사무* 보는 일을 하면서
야간 학교에도 다니게 되었답니다.
매주 토요일, 카네기 가족은 그 동안 번 돈을 테이블 위에 놓았어요.
그러면 어머니는 은전을 한 개나 두 개
꼭 양말 속에 넣어 두었지요.

*실패 : 실을 감아 두는 바느질용 도구예요.
*사무 : 주로 사무실의 책상에 앉아서 하는 일을 말해요.

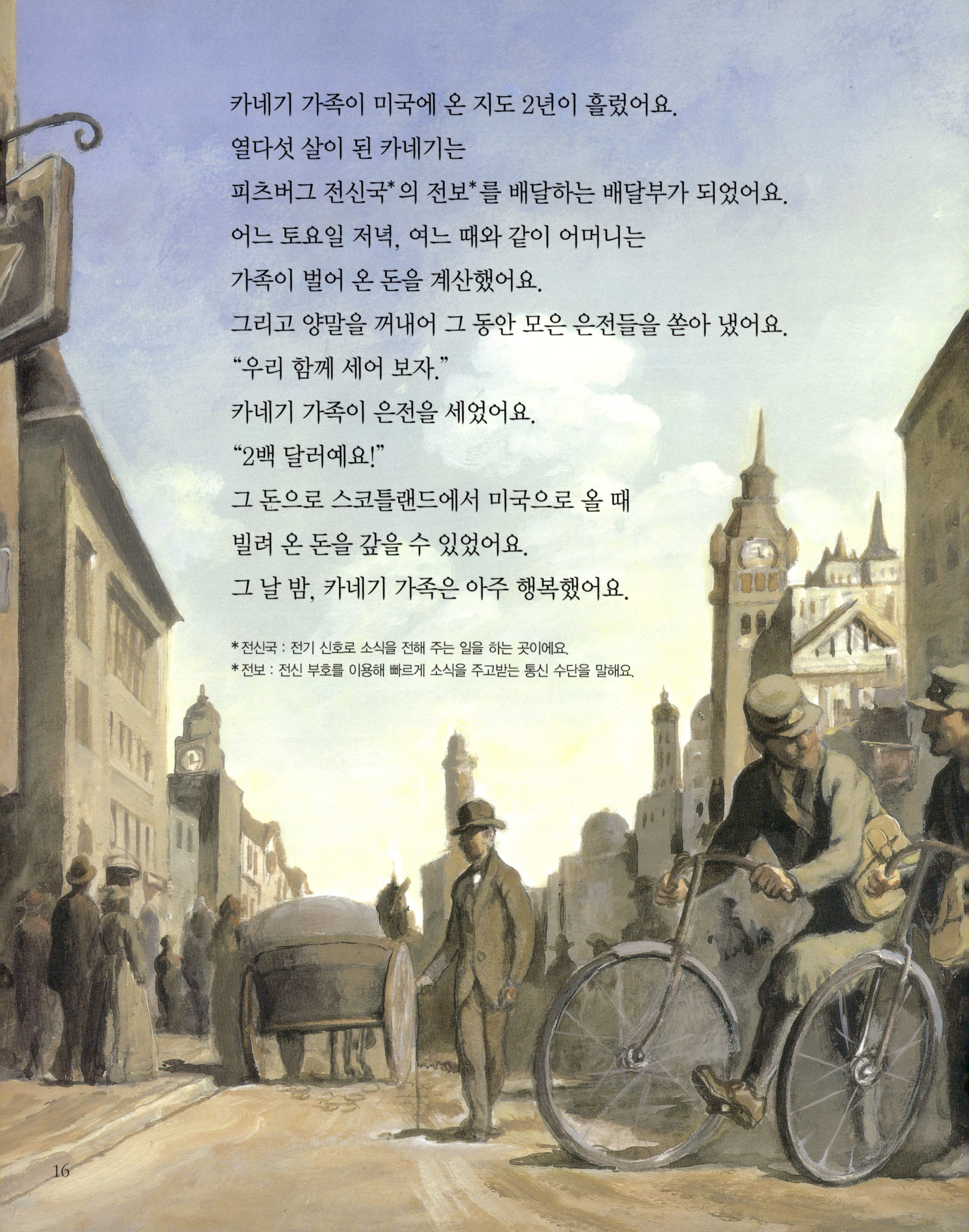

카네기 가족이 미국에 온 지도 2년이 흘렀어요.
열다섯 살이 된 카네기는
피츠버그 전신국*의 전보*를 배달하는 배달부가 되었어요.
어느 토요일 저녁, 여느 때와 같이 어머니는
가족이 벌어 온 돈을 계산했어요.
그리고 양말을 꺼내어 그 동안 모은 은전들을 쏟아 냈어요.
"우리 함께 세어 보자."
카네기 가족이 은전을 세었어요.
"2백 달러예요!"
그 돈으로 스코틀랜드에서 미국으로 올 때
빌려 온 돈을 갚을 수 있었어요.
그 날 밤, 카네기 가족은 아주 행복했어요.

*전신국 : 전기 신호로 소식을 전해 주는 일을 하는 곳이에요.
*전보 : 전신 부호를 이용해 빠르게 소식을 주고받는 통신 수단을 말해요.

POST O

카네기는 책을 읽고 싶었어요.

토요일마다 도서관에 가서 책을 빌려다 읽고

친구들과 독서 토론을 했어요.

그러면서 대화하고 토론하는 방법을 터득해 나갔어요.

그러던 어느 날, 전신국의 기사가 자리를 비우며 말했어요.

"카네기, 자네가 잠깐만 내 일을 좀 처리해 주게."

그것은 배달할 전보를 읽고 글자가 맞는지 확인하는 일이었어요.

나중에 기사가 돌아와서 보고는 무척 만족했어요.

카네기는 사무실에서 전신 부호를 배우려고 노력했어요.

마침내 전신 기사로 채용된 카네기는 더욱 열심히 일했어요.

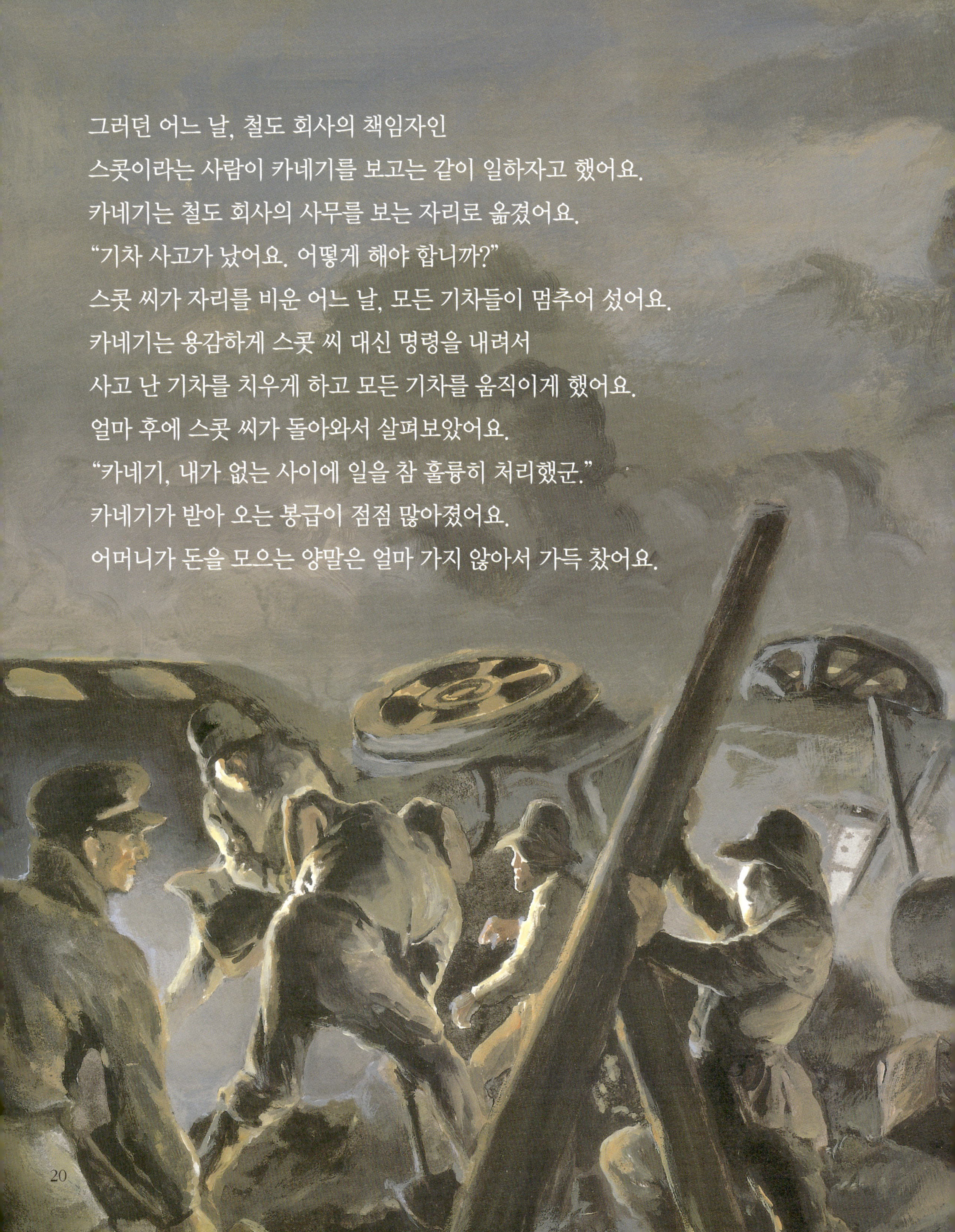

그러던 어느 날, 철도 회사의 책임자인
스콧이라는 사람이 카네기를 보고는 같이 일하자고 했어요.
카네기는 철도 회사의 사무를 보는 자리로 옮겼어요.
"기차 사고가 났어요. 어떻게 해야 합니까?"
스콧 씨가 자리를 비운 어느 날, 모든 기차들이 멈추어 섰어요.
카네기는 용감하게 스콧 씨 대신 명령을 내려서
사고 난 기차를 치우게 하고 모든 기차를 움직이게 했어요.
얼마 후에 스콧 씨가 돌아와서 살펴보았어요.
"카네기, 내가 없는 사이에 일을 참 훌륭히 처리했군."
카네기가 받아 오는 봉급이 점점 많아졌어요.
어머니가 돈을 모으는 양말은 얼마 가지 않아서 가득 찼어요.

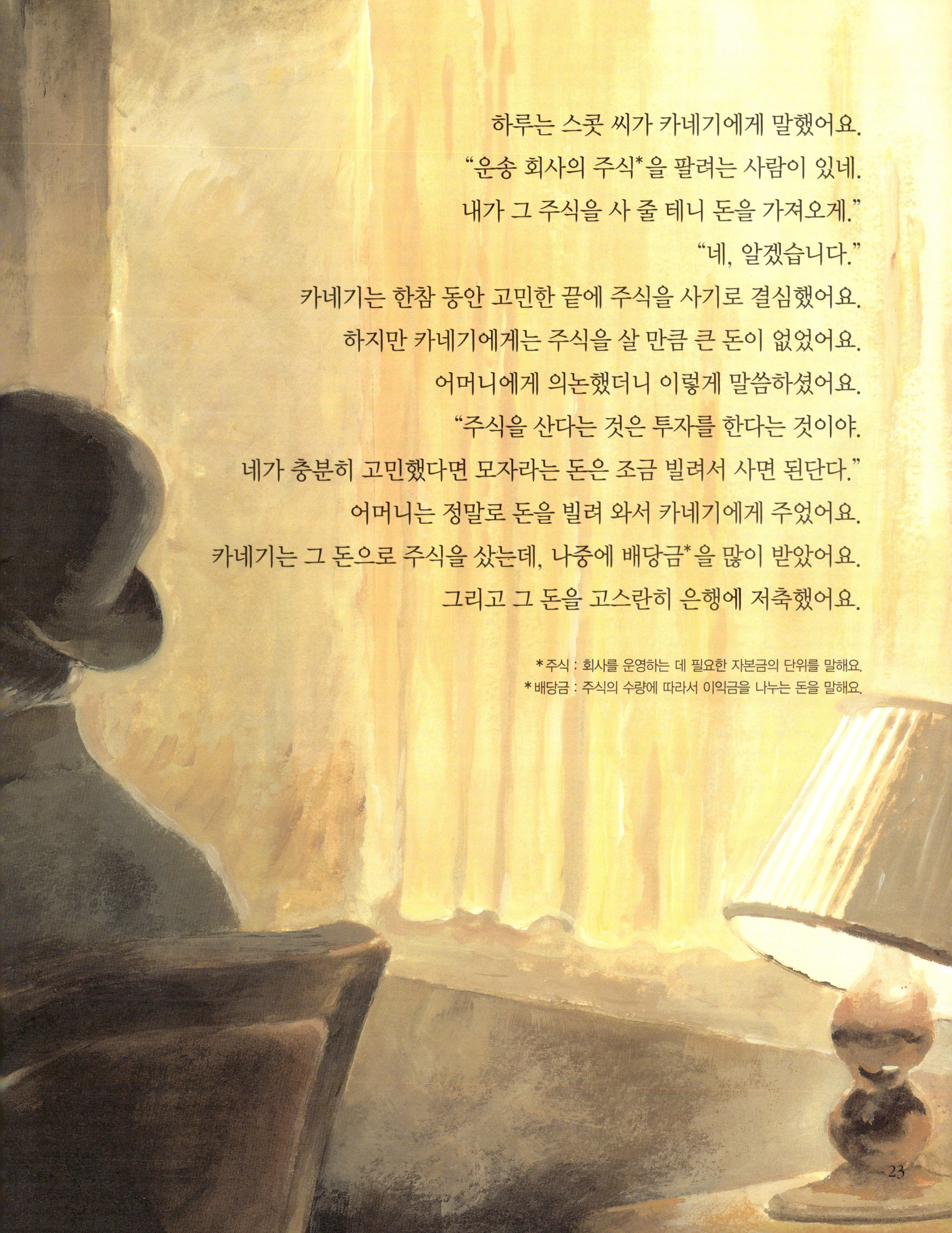

하루는 스콧 씨가 카네기에게 말했어요.
"운송 회사의 주식*을 팔려는 사람이 있네.
내가 그 주식을 사 줄 테니 돈을 가져오게."
"네, 알겠습니다."
카네기는 한참 동안 고민한 끝에 주식을 사기로 결심했어요.
하지만 카네기에게는 주식을 살 만큼 큰 돈이 없었어요.
어머니에게 의논했더니 이렇게 말씀하셨어요.
"주식을 산다는 것은 투자를 한다는 것이야.
네가 충분히 고민했다면 모자라는 돈은 조금 빌려서 사면 된단다."
어머니는 정말로 돈을 빌려 와서 카네기에게 주었어요.
카네기는 그 돈으로 주식을 샀는데, 나중에 배당금*을 많이 받았어요.
그리고 그 돈을 고스란히 은행에 저축했어요.

*주식 : 회사를 운영하는 데 필요한 자본금의 단위를 말해요.
*배당금 : 주식의 수량에 따라서 이익금을 나누는 돈을 말해요.

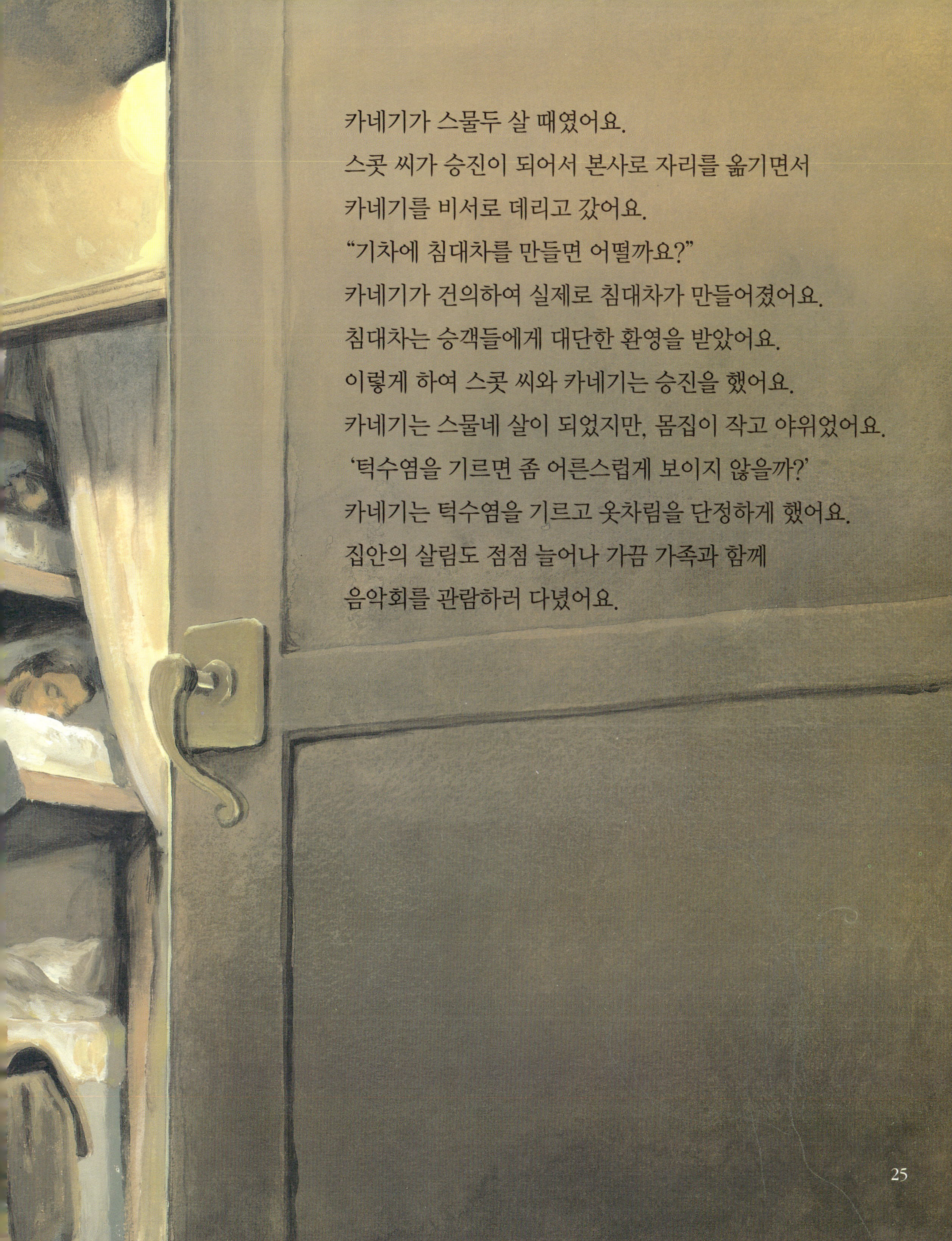

카네기가 스물두 살 때였어요.
스콧 씨가 승진이 되어서 본사로 자리를 옮기면서
카네기를 비서로 데리고 갔어요.
"기차에 침대차를 만들면 어떨까요?"
카네기가 건의하여 실제로 침대차가 만들어졌어요.
침대차는 승객들에게 대단한 환영을 받았어요.
이렇게 하여 스콧 씨와 카네기는 승진을 했어요.
카네기는 스물네 살이 되었지만, 몸집이 작고 야위었어요.
'턱수염을 기르면 좀 어른스럽게 보이지 않을까?'
카네기는 턱수염을 기르고 옷차림을 단정하게 했어요.
집안의 살림도 점점 늘어나 가끔 가족과 함께
음악회를 관람하러 다녔어요.

*남북 전쟁 : 노예 제도를 지키자는 남부 지방과 노예를 해방해야 한다는
북부 지방간에 벌어진 전쟁이에요.
*링컨 대통령 : 노예 해방을 이끈 미국의 16대 대통령이에요.

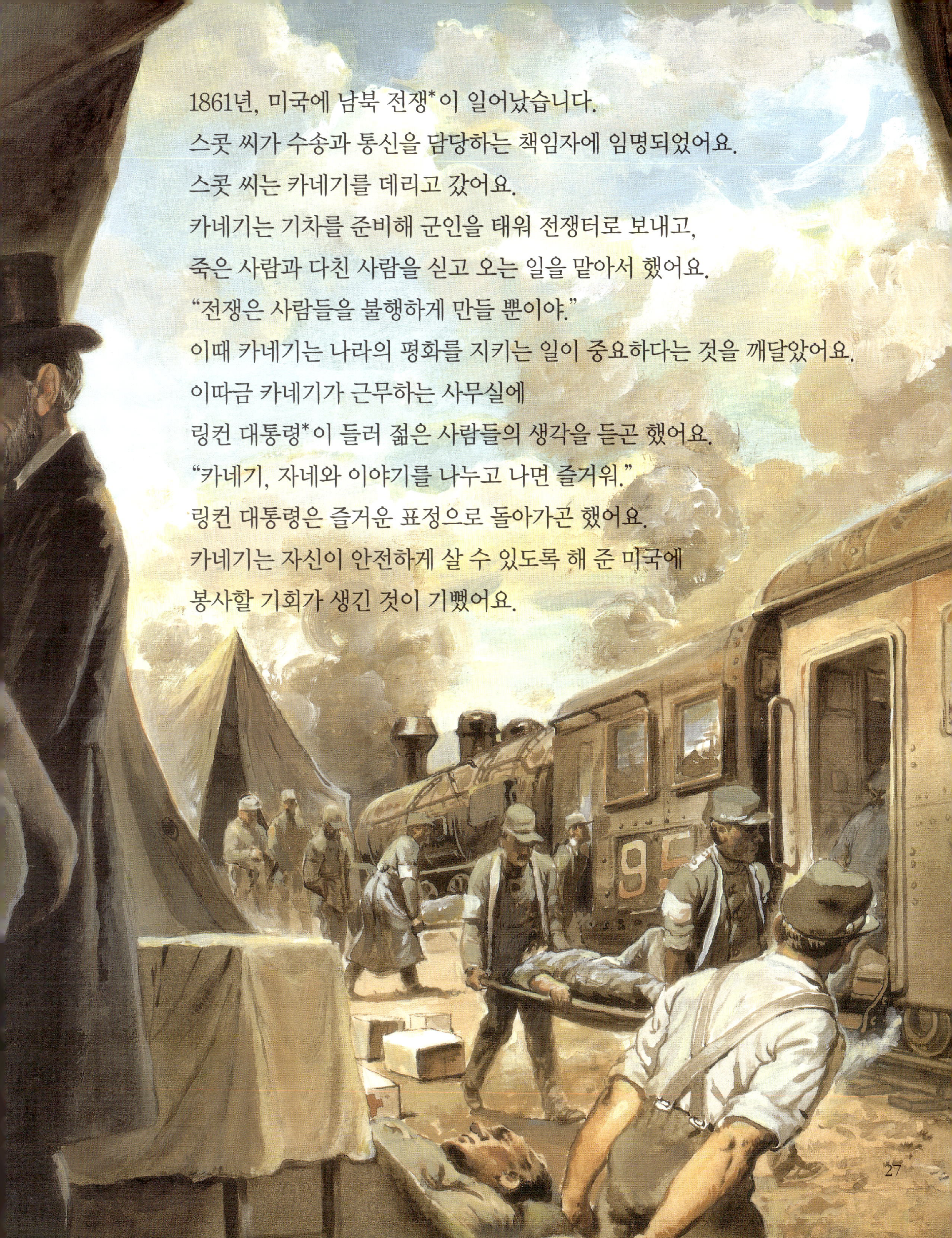

1861년, 미국에 남북 전쟁*이 일어났습니다.
스콧 씨가 수송과 통신을 담당하는 책임자에 임명되었어요.
스콧 씨는 카네기를 데리고 갔어요.
카네기는 기차를 준비해 군인을 태워 전쟁터로 보내고,
죽은 사람과 다친 사람을 싣고 오는 일을 맡아서 했어요.
"전쟁은 사람들을 불행하게 만들 뿐이야."
이때 카네기는 나라의 평화를 지키는 일이 중요하다는 것을 깨달았어요.
이따금 카네기가 근무하는 사무실에
링컨 대통령*이 들러 젊은 사람들의 생각을 듣곤 했어요.
"카네기, 자네와 이야기를 나누고 나면 즐거워."
링컨 대통령은 즐거운 표정으로 돌아가곤 했어요.
카네기는 자신이 안전하게 살 수 있도록 해 준 미국에
봉사할 기회가 생긴 것이 기뻤어요.

1859년, 피츠버그와 떨어진 곳에서 석유가 발견되었어요.
'나도 석유가 나올 만한 큰 농장을 사야겠어.'
카네기는 농장을 사서 땅을 뚫게 했어요.
정말 석유가 나와서 카네기는 석유 회사를 차리고 부자가 되었어요.
'석유를 팔아 번 돈으로 땅을 사서 제철소*를 세우자.'
처음에는 너무 급하게 서두르는 바람에 실수가 많았어요.
하지만 조금씩 노력하여 카네기의 제철소는 점점 성장해 나갔어요.
나중에 카네기는 기술이 좋은 다른 제철소와 합쳐서
유니언 제철소를 세웠어요.

*제철소 : 철을 만들어 내는 공장을 말해요.

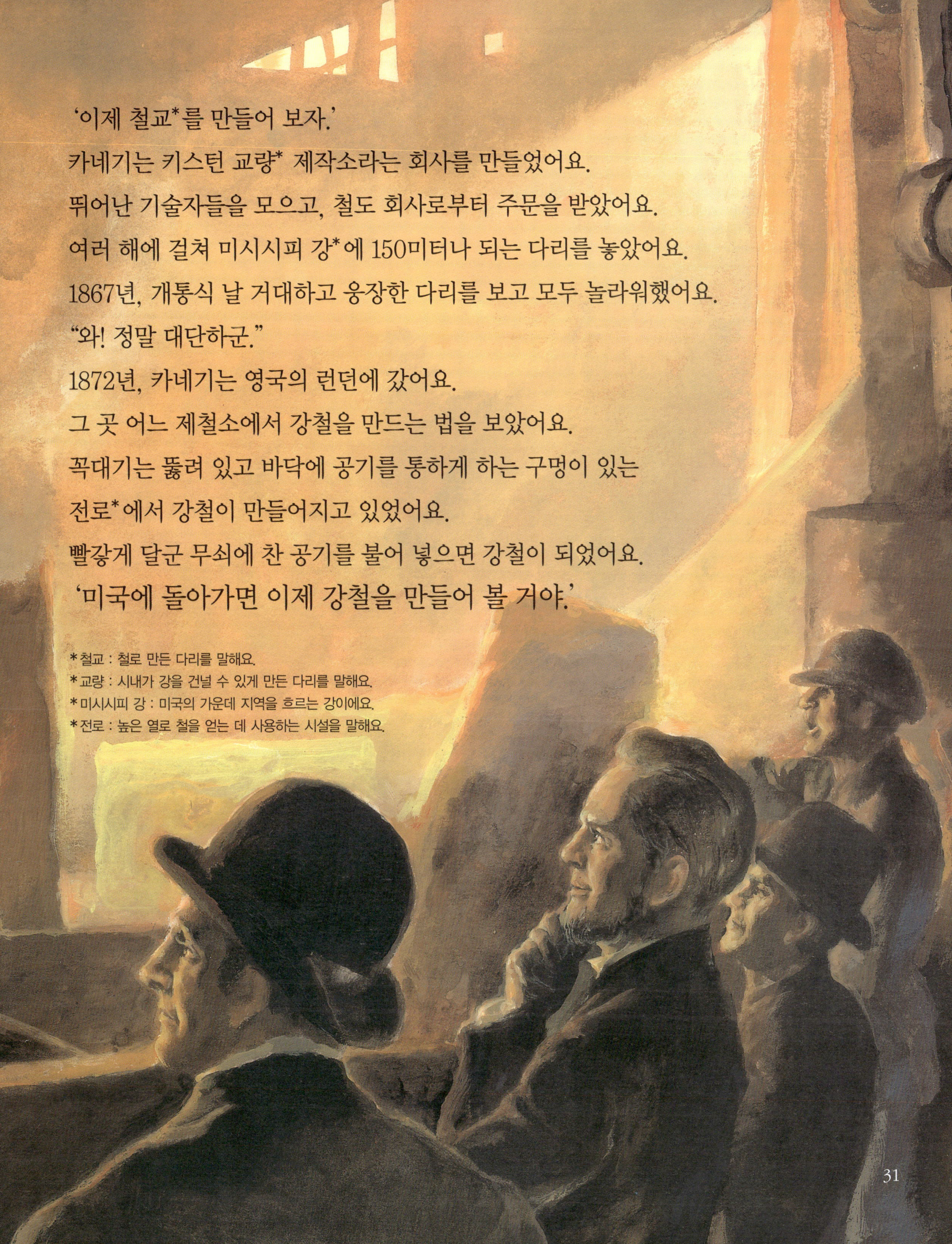

‘이제 철교*를 만들어 보자.’

카네기는 키스턴 교량* 제작소라는 회사를 만들었어요.

뛰어난 기술자들을 모으고, 철도 회사로부터 주문을 받았어요.

여러 해에 걸쳐 미시시피 강*에 150미터나 되는 다리를 놓았어요.

1867년, 개통식 날 거대하고 웅장한 다리를 보고 모두 놀라워했어요.

“와! 정말 대단하군.”

1872년, 카네기는 영국의 런던에 갔어요.

그 곳 어느 제철소에서 강철을 만드는 법을 보았어요.

꼭대기는 뚫려 있고 바닥에 공기를 통하게 하는 구멍이 있는

전로*에서 강철이 만들어지고 있었어요.

빨갛게 달군 무쇠에 찬 공기를 불어 넣으면 강철이 되었어요.

‘미국에 돌아가면 이제 강철을 만들어 볼 거야.’

* 철교 : 철로 만든 다리를 말해요.
* 교량 : 시내가 강을 건널 수 있게 만든 다리를 말해요.
* 미시시피 강 : 미국의 가운데 지역을 흐르는 강이에요.
* 전로 : 높은 열로 철을 얻는 데 사용하는 시설을 말해요.

1873년은 대공황*이라고 불리던 어려운 시절이었습니다.
모두들 반대를 했지만 카네기는 결심을 했어요.
"어려울 때일수록 발전을 예상해서 장래에 대비해야 한다."
카네기는 피츠버그의 남쪽 강가의 땅을 사서 공장을 세웠어요.
"이 철강 사업에 전 재산을 걸자."
카네기는 제강 사업을 시작해,
미국에서 처음으로 강철을 만들어 냈어요.
강철은 철도 레일과 배, 건물,
엘리베이터 등을 만드는 데 사용되었어요.
1881년, 카네기는 그 동안 운영하던 모든 회사를
카네기 철강 회사로 합쳤어요.
이리하여 세계적인 기업가가 된 카네기는 강철왕이라 불리게 되었어요.

*대공황 : 경제가 나빠져서 산업이 침체하고 사람들이 살기 어려워진 때를 말해요.

카네기의 발자취
(1835~1919년)

▲ 앤드류 카네기 성.

▼ 미국의 산업가이며, 자선가인 앤드류 카네

▼ 연구소 설립 25주년 기념식 때 찍은 것으로
초대소장과 부소장 그리고 카네기.

▲ 카네기 동상.

▼ 1906년 연구소 설립 25주년 기념식에 모인 자선 사업가들과 함께 있는 카네기.

▼ 카네기 집 정원에서 영화를 찍는 장면.

교과서에 나오는 인물 시대사

▲ 카네기 부부.

갑지에 실렸던 카네기 만화 이미지.

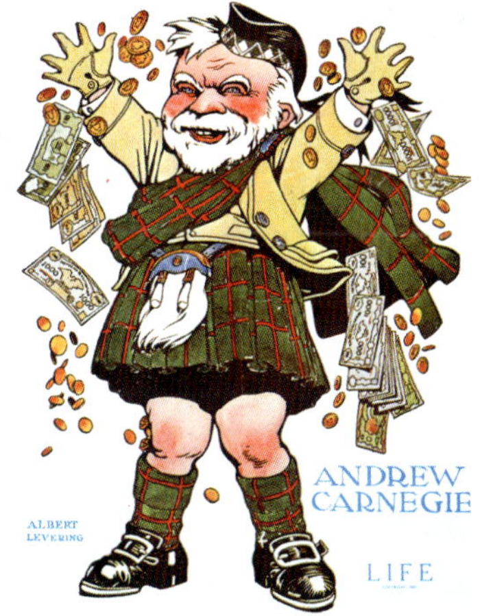

▲ 카네기를 묘사한 만화.

아끼던 개와 함께 있는 카네기.

카네기의 생애	한국사 주요 사건	세계사 주요 사건
1835년 스코틀랜드의 던펌린에서 태어남.	기해박해 (1839).	프랑스, 7월 혁명 (1830).
1848년 가족이 미국의 피츠버그로 이주함. 처음 직장으로 방직 공장의 직공으로 취직함. 이후 실패 제조 공장, 전신국 등을 다닌 뒤, 철도 회사의 간부가 됨.	고종 즉위, 흥선 대원군 집권 (1863).	프랑스, 2월 혁명. 링컨, 노예 해방 선언 (1863).
1864년 스피리얼 석유회사 설립함. 피츠버그 기관차 제작소 설립함.		
1865년 철강업을 시작하여 유니언 제철소 설립함.	경복궁 중건 (~1872).	
1868년 앤드류 카네기 투자회사 설립함.	신미양요 (1871).	수에즈 운하 개통 (1869). 독일 통일 (1871).
1873년 에드거 톰슨 제강소 설립함.		
1881년 모든 회사를 통합하여 카네기 철강회사 설립함.	임오군란 (1882).	독일, 오스트리아, 이탈리아 삼국 동맹 성립 (1882). 청 · 일, 톈진 조약 맺음 (1885).
1887년 루이스 휘트필드와 결혼함.	함경도에 방곡령 실시 (1889).	
1899년 헤이그 국제 재판소 설립자금을 기부함.	경인선 개통.	헤이그 평화 회의, 의화단 운동.
1902년 카네기 협회를 설립함.	서울 인천 간 전화 개통.	영 · 일 동맹.
1910년 카네기 재단을 설립함.	국권 피탈.	신해 혁명 (1911).
1919년 매서추세츠 주의 별장에서 세상을 떠남.	3 · 1운동, 대한 민국 임시 정부 수립.	베르사유 조약, 5 · 4운동.

가난한 소년에서 철강왕이 되기까지

집안 형편이 어려운 탓에 어린 카네기는 항상 집안일을 도와야 했어요. 새벽부터 물을 길어 오고, 토끼들에게 먹이를 주느라 종종 학교에 지각을 했어요. 미국으로 이사하고 난 뒤에는 방직 공장, 실패 만드는 공장 등을 다니느라 학교에도 다니지 못했지요.

이렇게 열악한 상황에 있던 카네기가 어떻게 세계 제일의 철강왕이 될 수 있었을까요? 여러 가지 이유가 있겠지만, 무엇보다 가장 큰 이유는 카네기에게 배움에 대한 열정과 노력하는 정신이 있었기 때문이에요. 열다섯 살의 나이에 카네기는 전신국에서 전보 배달부로 일했어요. 이 때 카네기는 틈만 나면 뭔가를 배우려 하였고, 매일 아침 일찍 출근해서 전신 기기의 작동법을 익혔어요. 성실히 일하고 배운 덕분에 카네기는 전신기사로 일할 기회를 얻었지요. 그 후 카네기는 승진을 거듭해서 훗날 철강왕이 될 수 있었어요. 카네기는 자서전에서 "사람이 무언가 배우면 오래지 않아 그 지식을 활용할 기회가 온다."고 말했답니다.

카네기의 자선 사업과 카네기 재단 설립

앤드류 카네기는 사업을 해 돈을 많이 벌자, 그 동안 모은 재산을 어떻게 쓸 것인가를 고민했어요. 그는 살아 있는 동안 재산을 기부해야겠다고 결심하고, 자선 사업을 하기 시작했어요.

1881년 스코틀랜드의 고향 마을에 '카네기 도서관' 이라는 공공 도서관을 세웠어요. 그리고 그 후 미국에만도 무려 2,811개의 도서관을 세웠다고 합니다. 또한 영어를 사용하는 다른 나라에도

300여 개의 도서관을 세웠다고 해요.

또 피츠버그에 있는 멜른 대학교에 '카네기 공과대학'을 설립했으며, 특히 어머니의 이름을 따서 세운 '마거릿 모리슨 카네기 대학'을 자랑스럽게 여겼어요. 이 대학은 여학생들을 위한 대학이었어요. 카네기는 어머니에게 받은 사랑의 힘으로 자신이 성공했다고 믿고 어머니의 은혜를 잊지 않았던 것입니다.

카네기는 종교를 위한 자선 사업으로 미국, 캐나다, 영국의 교회에 오르간을 기부했는데, 그 수는 약 8,000대나 된다고 해요.

그리고 재정이 부족한 미국의 작은 대학에도 기부를 했으며, 교육을 발전시키기 위해 스코틀랜드의 대학에도 기부를 했어요. 이렇게 많은 자선 사업을 하면서도 카네기가 가장 만족스럽게 느꼈던 것은 남을 위해 자신의 목숨을 바친 사람의 유족을 지원하는 '영웅 기금'이었다고 합니다.

1911년, 마침내 카네기는 '카네기 재단'을 설립했어요. 이 재단은 학문의 진흥과 보급이 중심 사업이었는데, 카네기는 막대한 재산을 이 재단에 맡겼습니다. 그러나 카네기는 게으른 사람에게는 동전 한 푼도 주지 않았다고 해요. 게으른 사람에게 돈을 주는 것은 그 사람을 더욱 게으르게 만든다고 믿었기 때문이랍니다.

1. 카네기가 강철왕이라 불리게 된 이유는 무엇인가요?

2. 카네기가 여러 가지 사업을 해서 번 돈으로 마지막에 한 사업은 무엇인가요?

3. 우리 주변에 강철로 만든 물건을 찾아서 말해 보세요.